OBSERVATIONS

SUR

LA COLONISATION

DE LA RÉGENCE D'ALGER.

DÉDIÉES A S. A. R. M. LE DUC D'ORLÉANS.

PAR J.-A. HEDDE AINÉ.

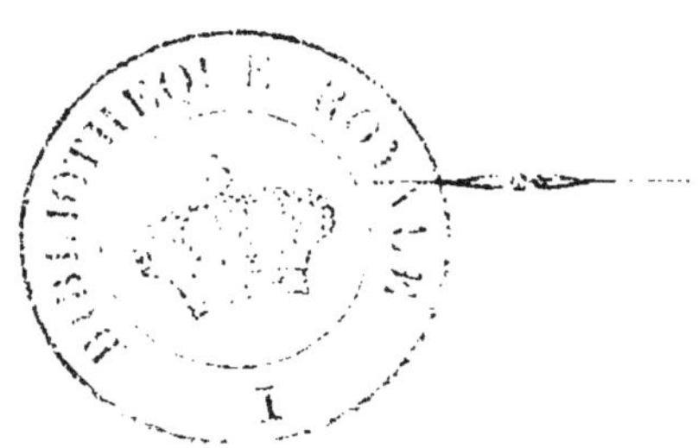

PARIS.

CHEZ MM. { PAULIN, libraire, place de la Bourse, n. 31.
{ BARBA, libraire, au Palais-Royal.

A MARSEILLE, chez M. CAMOIN.

A TOULON, chez M. ISNARD.

A ALGER, chez MM. LUXARDO et GUENDE.

—

1834.

A S. A. R. MONSEIGNEUR

LE DUC D'ORLÉANS,

Hommage au Prince que la Colonie d'Alger appelle de tous ses vœux pour son Protecteur.

Par son très humble et très obéissant Serviteur,

J.-A. HEDDE, aîné.

OBSERVATIONS

SUR

LA COLONISATION

DE LA RÉGENCE D'ALGER.

La France gardera-t-elle et colonisera-t-elle Alger, ou l'abandonnera-t-elle ? Telles sont les questions qui semblent être agitées en ce moment, et dont on ne peut prévoir la prompte réponse, à en juger d'après la conduite indécise du Gouvernement, et d'après l'état stationnaire des choses, depuis notre occupation en Afrique. Cependant, leur solution ne nous semble pas être douteuse ; déjà même, l'opinion générale, s'est prononcée à cet égard, en proclamant que la conservation de la conquête d'Alger convenait autant à la gloire de la France, qu'à l'accroissement de sa force et de sa prospérité.

Confiant dans la toute-puissance de cette opinion, et raisonnant dans l'hypothèse de la conservation de notre conquête , et, par suite , dans la nécessité de faire fructifier la nouvelle Colonie , nous allons émettre quelques idées formant la conséquence naturelle de ce plan , et favorables à son développement.

§ Ier. — Quelles limites convient-il de donner à notre conquête et à la colonisation ?

Dans l'état actuel de nos finances , et considérant que la France doit marcher dans des voies d'économie, jusqu'à ce que la somme de son budget ait perdu le taux d'élévation qu'ont nécessité les circonstances impérieuses des quatre années qui viennent de s'écouler, il semblerait convenable de donner à nos possessions septentrionales d'Afrique , et jusqu'à des temps plus prospères, les limites que nous allons indiquer : elles se borneraient d'un côté à occuper militairement Oran., Arzew et Monstaganem, si la nécessité en était bien reconnue ; et de l'autre à garder définitivement Alger, Bone et Bougie , mais avec des mesures propres à favoriser ouvertement la colonisation dans le territoire surtout de ces deux premières villes. Peut-être serait-il convenable d'occuper aussi Stora et la Calle , positions maritimes assez importantes , en ce que l'une nous mettrait à même d'exercer une influence marquée et directe sur la ville et les campagnes de Constantine, et que l'autre nous permettrait de surveiller avec plus d'avantages la pêche du corail (1).

A l'égard de Bone, le commandement militaire et l'administration devraient continuer d'exister sur les bases adoptées jusqu'à ce jour, et qui font honneur au général Monk-d'Uzer, commandant sur ce point. Toutefois, il serait peut-être à désirer que le rayon d'occupation s'étendît jusqu'aux vallées environnantes et embrassât les belles rives de la Seibouse. Les dispositions pacifiques des tribus voisines imprimeraient, sans doute, un grand mouvement à la colonisation sur ce point de la Régence, et les succès qui couronneraient nos travaux, et que les Arabes seraient appelés à partager, les disposeraient infailliblement en notre faveur, pour l'époque où il nous conviendrait de pousser notre conquête jusqu'à l'antique capitale des Numides, Cirta, aujourd'hui Constantine (2), bâtie dans une plaine remarquable par la

(1) Nous pourrions, s'il était nécessaire, faire connaître l'inconvénient des mesures employées pour la pêche du corail, comme aussi indiquer les moyens de la rendre plus profitable à nos finances et à notre marine.

(2) Parmi les produits de l'industrie de la Régence exposés à Alger en novembre 1833, nous avons vu des diamans trouvés dans l'Ouad-el-Kibir, rivière de Constantine, dont plusieurs pesaient près de deux karats. Cette découverte ne semblerait-elle pas justifier les assertions de Pline le Naturaliste et de Heeren, sur l'existence de sables aurifères et de pierres diamantaires dans les rivières qui coulent des montagnes, qui séparaient les anciens états de Carthage et de Cirta.

fécondité du sol , et située au sud-ouest de Bône et à la distance de trente lieues.

Quant à Alger , point central et foyer de la colonisation , sa position militaire et son importance exigent un plus grand développement de forces. Il nous semble indispensable à l'établissement et à la sécurité de la Colonie, que nos limites , dès que l'état des grandes routes déjà commencées permettrait des communications entre Alger et la plaine de la Mitidja , fussent portées : 1° à l'est, à partir du cap Matifoux, en remontant les rives de l'Hamise jusqu'aux pieds de l'Atlas ; 2° au sud, en établissant nos avant-postes à l'issue des défilés de cette chaîne de montagnes , depuis l'Hamise jusqu'aux rives du Massafran ; 3° à l'ouest en plaçant à Bélida et à Coléah des garnisons suffisantes pour maintenir les tribus des Hadjoutes et pour s'opposer aux incursions que les Arabes voudraient tenter dans la plaine. En donnant à notre occupation de telles limites , il en résulterait : 1° que les tribus éloignées de nos lignes actuelles, n'étant plus inquiétées par nos fréquentes excursions , s'accoutumeraient insensiblement à notre voisinage, et finiraient, en peu de temps, par nous considérer plutôt comme des alliés que comme des ennemis ; 2° que ces tribus, appréciant de plus en plus la paix et les avantages que nous leur offririons, seraient mieux disposées à nous seconder dans nos travaux de colonisation , et même à nous en laisser étendre les limites ; 3° qu'enfin , notre nouvelle possession, circonscrite dans ces limites, présenterait une superficie suffisante pour un grand développement. Ajoutons que la nature des lieux extrêmement variée permet tous les genres de cultures. On verrait alors les colons se livrer en toute sécurité à leur exploitation, et l'Europe, instruite d'un état de choses si prospère, ne manquerait pas d'ajouter à la force et à la prospérité de la Colonie par l'envoi continuel de nouveaux agriculteurs.

En admettant de telles limites pour la colonisation dans les environs d'Alger, il résulterait que nous aurions à exploiter sur ce point une superficie d'environ 170,000 hectares carrés, dont 90,000 dans la plaine de Mitidja (1), et 80,000 appartenant aux collines situées au nord de la plaine, et formant le massif des environs d'Alger.

Nous nous bornerons à rappeler, pour comparaison, que nos trois colonies réunies, la Martinique, la Guadeloupe et Bourbon ont à peine et, ensemble une superficie de 80,000 hectares carrés.

-----

(1) C'est par erreur que quelques personnes croient qu'il sera impossible d'obvier à l'insalubrité de certaines parties de la Mitidja. Comme cette insalubrité accidentelle n'est produite que par l'émanation des eaux stagnantes, il sera d'autant plus facile d'y remédier, que le niveau de la surface des terres se trouve bien plus élevé que celui de la mer. Déjà, depuis plusieurs mois, nos troupes sont occupées au desséchement de ces marécages, sous la direction du capitaine de génie Manguey.

§ II. — Quelles seraient les forces nécessaires à la défense et à la protection
de la colonisation dans les environs d'Alger ?

Etranger à tout ce qui regarde la stratégie, nous nous abstiendrons de vouloir raisonner sur cette matière ; nous nous bornerons simplement à rappeler quelques unes des idées que des militaires distingués ont souvent émises au sujet des moyens qu'il conviendrait d'adopter pour maintenir notre conquête et favoriser le développement de la colonisation.

Ces opinions sont qu'il conviendrait de placer :

1°. A Alger et dans ses environs, un régiment d'infanterie et un de cavalerie.

2°. Sur la position de l'Hamise, deux bataillons d'infanterie et 300 hommes de cavalerie ;

3°. Sur les diverses positions de la ligne de l'Atlas, à partir de l'Hamise jusqu'à Bélida, environ un régiment d'infanterie et 200 hommes de cavalerie.

4°. A Bélida, un régiment d'infanterie et 500 hommes de cavalerie ;

5°. A Coléah (Ville-Sainte) ou aux environs, deux bataillons d'infanterie et 300 hommes de cavalerie.

Quant aux troupes du génie et de l'artillerie, leur force serait relative à l'importance des localités.

Des détachemens occuperaient les Blockhaus qui seraient établis çà et là, et quelques uns pourraient être placés à l'entrée des villages qu'il faudrait bâtir.

Les troupes encore nécessaires seraient celles des

spahis, ou cavaliers arabes, chargés de la police extérieure de nos lignes, et celles de gendarmes préposés à la police intérieure. Enfin, la milice des colons organisés en garde nationale coloniale, ajouterait encore à la force que présenterait l'effectif des troupes de ligne.

Cette organisation militaire, relative à la défense de la Colonie, aurait à subir, sans doute, les changemens que nécessiteraient les localités et la conduite des habitans de l'interieur et de l'Atlas. Au reste, en considérant l'hostilité décroissante des populations arabes et l'augmentation progressive de la population européenne, il est permis de croire que le temps n'est pas éloigné, où l'on pourra, sans inconvénient, diminuer le nombre des troupes.

Al'égard de Bône et de nos autres occupations dans la Régence, nos moyens de sûreté et de défense devraient y être appropriés aux localités, à l'étendue des établissemens qu'il convient de former et à l'esprit des Arabes.

Quant à l'administration et aux lois civiles et militaires, il convient de les exercer, de manière à heurter le moins possible les usages des indigènes, et à les amener insensiblement à apprécier notre civilisation. Cette administration devrait aussi s'appliquer à faire régner la plus grande union entre les autorités et les personnes qui, vivant sous son régime, réclameront son appui ; et, à cet égard, le Gouvernement ne saurait apporter trop de soins dans le

choix de ceux qu'il investira de sa confiance et qu'il nommera aux divers emplois dans nos possessions de la Régence. Expérience, instruction civile et militaire, sévère probité, modération et fermeté; telles sont les qualités essentielles qui doivent distinguer les fonctionnaires désignés pour administrer cette nouvelle Colonie.

----

§ III. — Pourquoi il convient à la France de coloniser la Régence d'Alger.

Tout le monde sait maintenant, que l'Angleterre, en proposant et en faisant déclarer au congrès de Vienne l'abolition de la traite des nègres, n'a pas voulu seulement faire acte de philantropie, mais encore arrêter et perdre insensiblement la culture des colonies occidentales au profit de celle de ses possessions dans les Grandes-Indes. Le temps démontrera, de plus en plus, les inconvéniens, pour les colonies d'Amérique, de cette mesure philantropique. Mais la France, quoique soumise aux conséquences de cette déclaration en l'honneur de l'humanité, doit, néanmoins, des actions de grâces à la Providence qui lui a offert dans la conquête de la Régence d'Alger, de quoi suppléer amplement à la décadence successive et à la perte d'une grande partie de ses colonies d'Amérique. En effet, combien ne sommes-nous pas heureux d'acquérir, en dédommagement, une partie de ce pays im-

mense, dont la richesse fut si utile à l'ancienne Rome,
qui souvent y trouva des puissances rivales et jalou-
ses de sa domination et de sa splendeur! Que ne promettent pas aux savans explorateurs, aux Arts et à l'A-
griculture, ces contrées jadis si florissantes et si peuplées, et aujourd'hui si pauvres et presque inhabitées!
Mais, en se rappelant toutes les ressources qu'elles
présentaient jadis, et toute l'importance que les Ro-
mains attachaient à leur possession, on concevera ai-
sément combien la France peut aujourd'hui les apprécier; et en effet, nos besoins devenus plus nom-
breux n'exigent-ils pas une production plus abon-
dante? L'extension que prend chaque jour notre marine, ne demande-t-elle pas de nouveaux lieux de défense, d'attaque et de refuge? Ces populations qui
s'accroissent, ne cherchent-elles pas de nouveaux
lieux d'émigration? Et, dans leur brillant essor, les
sciences, enfin, n'aspirent-elles pas à explorer des
contrées vierges et, pour ainsi dire, un nouveau
monde? Non, la France n'abandonnera pas sa conquête, et elle se fera gloire de rallier à sa civilisation
cette terre aussi riche d'avenir, qu'illustre par tous
les souvenirs que nous a légués son histoire.

---

§ IV. — De certaines mesures que le Gouvernement français doit prendre
pour aider à l'accroissement et à la prospérité de la Colonie d'Alger.

Notre Gouvernement, considérant la Régence d'Alger

comme possession française, doit, nécessairement prendre toutes les mesures susceptibles de contribuer au développement et à la prospérité de cette nouvelle Colonie; à cet effet, il doit commencer par déclarer que cette possession nous est acquise à jamais. L'effet d'une telle déclaration ferait aussitôt cesser l'incertitude qui règne sur le sort futur de ce pays et provoquerait l'arrivée plus prompte et plus considérable de colons et de capitaux.

Il serait à désirer aussi, que l'embarquement se fît sur les bâtimens de l'État pour toutes les personnes qui se rendraient dans la Régence, pour y exercer une profession, ou pour s'y livrer à l'agriculture.

Par cette facilité, qui serait mise à la connaissance de tout le monde, par la voie des journaux, et qui ne serait donnée que pour un certain temps, le Gouvernement contribuerait activement à l'accroissement de la population européenne dans notre Colonie. Cette permission d'embarquement ne serait donnée, toutefois, qu'à des personnes qui justifieraient d'une profession ou de moyens d'existence. Cette faveur de passage ne causerait qu'une légère dépense à l'État, car chaque passager serait obligé d'embarquer avec lui une quantité de provisions suffisante pour le temps présumable de la traversée. Cependant, il conviendrait de fournir la soupe, comme l'aliment le plus sain et le plus agréable à des personnes non habituées à la mer; mais à la charge par les passagers de payer une modique somme. Cette facilité d'embarquement serait d'autant plus convenable, que non-seulement elle encouragerait à l'émigration pour ce pays, mais qu'elle éviterait encore aux colons une prolongation de séjour dans les ports de mer, et des traversées aussi longues que dispendieuses.

Peut-être serait-il convenable, aussi, pour accélérer le développement de la Colonie, que le Gouvernement continuât quelque temps encore la construction de quelques villages, en recommandant toutefois à ses agens de choisir des emplacemens mieux situés que celui de Dely-Ibrahim, plus à proximité de fontaines ou de rivières, et mieux abrités des vents. Ne pourrait-on pas suivre encore à l'égard des colons qui viendraient s'établir dans la Régence et qui n'auraient que de très petits moyens pécuniaires, le système adopté aux États-Unis en faveur des étrangers qui viennent s'y livrer à l'agriculture. Une pareille mesure pourrait, surtout, engager les émigrans de la Suisse et de l'Allemagne à se porter plutôt vers la Régence, que vers l'Amérique, et elle contribuerait aussi d'une manière active à l'accroissement et à la prospérité de la Colonie.

Tout en indiquant quelques-uns des moyens que nous croyons favorables aux progrès de la colonisation, nous signalerons un inconvénient qui existe dans le mode de location adopté pour les propriétés appartenant aux Domaines de l'État. Jusqu'à présent, l'administration dans la Régence n'a passé des baux

que pour trois ans ; ce peu de durée est préjudicia-
ble aux biens du Domaine, en ce sens que les locataires ne peuvent faire, dans l'intérêt de la propriété,
toutes les dépenses convenables ; tandis que si ces
baux étaient passés pour six, neuf ou douze années,
on pourrait exiger des locataires des dépenses nécessaires à la conservation, des biens auxquelles ils
en ajouteraient vraisemblablement d'autres pour leur
propre agrément. D'après cela, si le Gouvernement
ne veut pas recevoir ses propriétés délabrées et en
état de ruines, il faut que ses baux soient passés pour
plus de trois ans.

Afin d'ajouter encore aux moyens offerts à la Colonie pour se développer activement, il serait à sou-
haiter aussi que le Gouvernement ou qu'une compagnie de capitalistes, formât à Alger une banque d'em-
prunt, où serait versé un capital assez important pour
encourager et assurer le premier essor de la colonisation. L'objet de cette banque serait de prêter des
fonds aux personnes qui voudraient faire construire
dans les villes, ou former des établissemens d'agriculture. L'emprunteur devrait présenter des garan-
ties par sa conduite, sa probité, son intelligence et
ses connaissances, et, en outre il devrait justifier qu'il
possède une somme équivalente au tiers de la valeur
de son entreprise. La banque après avoir recueilli
tous les renseignemens nécessaires, promettrait le
fonds dont elle ferait deux payemens, le premier
après l'emploi du tiers appartenant à l'entrepreneur

et le second après celui du premier versement de la banque. Celle-ci devrait avoir une première inscription sur la propriété, pour la somme qu'elle aurait prêtée. L'emprunteur en paierait les intérêts et fournirait une prime qui serait fixée suivant les circonstances. Quant au remboursement, il devrait s'effectuer par 10ᵉ, d'année en année, à partir de la 2ᵉ ou de la 3ᵉ. En considérant le produit annuel que la propriété donnerait bientôt, on concevra facilement que la banque serait loin d'être exposée à perdre le montant de ses avances.

Le Gouvernement pourrait également rendre un grand service aux propriétaires des environs d'Alger, en leur concédant les eaux des sources qui alimentent les fontaines de la ville. Toutefois, cette cession ne devrait avoir lieu, qu'autant qu'il serait possible de remplacer ces eaux en ville, par l'établissement de puits artésiens. De cette manière, le Gouvernement favoriserait la culture des terres dans certaines parties des environs d'Alger, et non-seulement retirerait un bénéfice important de la cession partielle des eaux, mais en donnerait encore à la ville avec plus d'abondance et moins de frais.

Il nous semble que de tels avantages devraient engager le Gouvernement ou une Compagnie à expédier à Alger un assortiment de sondes pour puits artésiens; et, comme la configuration de ces contrées fait espérer le plus grand succès dans ce genre de travail, on doit en conclure qu'un pareil établissement, tout enfaisant prospérer les cultures, retirerait aussi de grands bénéfices de ses travaux.

Le Gouvernement a déjà senti l'importance d'accélérer par tous les moyens d'éducation, une espèce de fusion dans les mœurs, et dans les idées du peuple algérien et des Européens, en admettant dans nos écoles publiques de Paris et de Marseille des enfans des principales familles Maures. C'est une idée des plus sages et des plus politiques, et nous ne saurions trop en proclamer les plus heureux effets. Aussi, nous pensons qu'il serait très utile de ne pas borner cette mesure philantropique à quelques essais, mais à l'étendre, au contraire, le plus possible, en recevant et en attirant 1° à Paris, les enfans des plus riches habitans de la Régence, fils de Beys, Cheiks, Kaïds et autres ; 2° à Marseille ceux d'une fortune moins élevée, et enfin d'autres à Alger, même, dans des établissemens et écoles à portée de toutes les classes arabes et juives.

---

§ V. — Quelles sont les cultures à préférer dans la Régence d'Alger, et quels sont les avantages qui pourront en résulter pour la France et pour le colon d'Afrique ?

En considérant la Régence d'Alger, qui est située entre les 34ᵉ et 37ᵉ degrés de latitude, on est forcé de convenir que sa position géographique est des plus favorisée, tant par son climat et la fécondité de son sol, que par son voisinage de la mer et de contrées aussi peuplées que florissantes. Tous les avantages qui résultent d'une pareille position, ne peuvent que faire espérer d'y voir réussir le plus grand nombre des cultures connues sur la surface du globe. Aussi, y voit-on déjà le cotonnier, l'indigotier et la canne à sucre croître à côté du champ de blé, de la vigne, de l'olivier et du murier. En outre, ne pourrait-on pas y cultiver la garance, le carthame, le tabac, le cafier, et tant d'autres plantes, arbres et arbustes appartenant, soit aux latitudes tempérées, soit à celles intertropicales. L'abondance du cactier (cactus nopal) et la chaleur de la Régence ne promettent-elles pas aussi des succès dans l'éducation de la cochenille. Les essais qui, déjà, ont été faits ne laissent pas de doute à ce sujet.

Voyons, maintenant, parmi les diverses cultures, celles qui devront fixer principalement l'attention du colon d'Afrique. Dans leur choix, il devra considérer deux choses, d'abord la rivalité qu'il pourrait établir, au détriment de la mère-patrie, et qui, en définitive, ne lui profiterait pas, car des droits à l'importation en France ne manqueraient pas d'être établis pour soutenir l'industrie agricole ; et ensuite la somme d'avantages qu'il pourrait retirer de telle culture plutôt que de telle autre.

Le colon de la Régence ne devra donc pas porter sa plus grande attention sur certains produits fournis par la France, mais bien sur ceux qu'elle tire, soit des contrées méridionales de l'Europe , soit des pays d'outre-mer , et dans la culture desquels la bonté du climat et la richesse du sol, ainsi que la proximité des lieux de consommation lui assureront d'immenses résultats.

Afin d'être fixés sur l'importance des produits principaux que la France tire annuellement de ses colonies et de l'étranger, nous allons rappeler les sommes particulières de leur importation en France, durant l'année 1832. Cette énumération sera suffisante pour donner une idée de l'importance des débouchés et de la perspective qui seront offerts aux produits des diverses cultures de la Régence. Nous indiquerons aussi les lieux de provenance, afin d'aider à la comparaison des pays, sous les rapports de climat.

	1832.	
Amandes	91,464	Espagne, Deux-Siciles et États-Barbaresques.
Blé	87,935,413	Russie, Sardaigne, Deux-Siciles et États barbaresques.
Carthame	468,072	Espagne, Italie, et États barbaresques
Cire	774,978	Russie, Sénégal, et États-Unis et États barbaresques.
Clous de girofle	1,854,504	Ile-Bourbon et Cayenne.
Cacao	904,865	Cuba, Antilles, Brésil, Bourbon, Cayenne et le Pérou.
Café	18,463,952	Antilles, Cuba, Haïti, Cayenne, Bourbon, Bresil.
Canelle	665,352	Chine et les Colonies orientales.
Cocheuille	6,080,534	Méxique et les Colonies occidentales.
Coton	68,388,399	Égypte, Turquie, Brésil, États-Unis, Indes utaorieles
Farine	5,023,958	Etats-Unis, Pays-bas et Allemague.
Garance	131,223	Belgique, Allemagne et Italie.
Huile	28,217,002	Italie, Espagne, Turquie, Grèce, États-Barbaresques.
Indigo	18,2995,076	Indes orientales, Mexiqne et Chili.
Soies.	34,791,240	Italie, Turquie et Indes orientales.
Sucre	48,069,025	des Colonies françaises.
dito	1,953,165	des Colonies étrangères.
Poivre	3,754,027	Indes orientales.
Tabac	8,916,847	États-Unis, Cuba et Pays-Bas.
Thé	1,649,292	Chine.
Vanille.	1,327,790	Mexique.
Vins		Ce produit ne pourra être importé en France (que dans des qualités supérieures, et les vins en qualité inférieure trouveront leur placement soit dans la Regence, soit dans les autres contrées d'Europe.)

On peut voir par le chiffre considérable auquel s'é-
lève l'importation de certains produits qui manquent,
en partie au sol de la France, avec quelle facilité la
nouvelle Colonie d'Afrique trouvera le placement des
produits qu'il lui conviendra de cultiver. En considérant d'un côté, tous les élémens de richesses que la nature a prodigués à ces belles contrées, et de l'autre
tous les avantages qui ressortent de la proximité de
la France et du reste de l'Europe, on ne peut se dis-
simuler que l'avenir le plus brillant et le plus pros-

père ne soit réservé à cette partie de la Régence. Mais ces divers produits ne pourront fixer également l'attention du colon , car les uns exigeront beaucoup de temps , de l'étude, des essais et des recherches pour le choix des terrains, des expositions et des contrées, tandis que les autres pourront être cultivés promptement et donner des résultats prochains. Dans la culture de ces premiers , nous citerons , entre autres, le café , le cacao , et peut-être le thé , le girofle , la canelle , la vanille , le poivre et enfin l'éducation de la cochenille ; pour les derniers , nous indiquerons la plantation de l'olivier, du murier, de la vigne, de l'amandier et de certains arbres à fruits et à gomme , ainsi que la culture du carthame , de la garance , du blé , et surtout du cotonnier, de l'indigotier , du tabac, et très vraisemblablement de la canne à sucre.

Nous ne terminerons pas cette Notice, sans donner quelques autres renseignemens relatifs à diverses cultures ; ils résultent aussi des recherches et des calculs que nous avons faits dernièrement, durant notre séjour à Alger. Nous nous empressons de les faire connaître, dans l'espoir qu'ils pourront servir d'encouragement à ceux qui voudront s'y livrer.

Le sol de la Régence est formé généralement de marnes déluviales ou de sables marneux , et de grès ou de calcaires assez durs. Les plaines , les vallées et tous les endroits propres à la culture , possèdent aussi le plus souvent des couches de terre végétale, de la profondeur de plusieurs pieds. Cependant, malgré la grande fécondité que paraissent promettre et la terre et le climat, on serait dans l'erreur en pensant que le sol pût donner de brillans rapports, sans travaux préparatoires, et on sera bientôt pénétré de cette vérité, lorsqu'on se donnera la peine de considérer 1° le peu de travail et de soins que les indigènes donnaient à la terre depuis un temps immémorial; 2° la profondeur, et la compacité des terres végétales; 3° enfin (1) la sécheresse naturelle du terroir, malgré l'abondance des pluies qui inondent le sol à diverses reprises pendant l'hiver.

La connaissance de telles causes delétères devra, nécessairement, engager le Colon d'Afrique à y porter remède, afin d'attirer sur le sol toute la fécondité possible et de s'assurer pour de longues années des récoltes abondantes. Ce qu'il aura à faire pour obvier à ce que nous venons de signaler, sera de donner un fort labour aux terres, dans les mois de septembre, octobre et même novembre, de la profondeur de trois pieds environ, de manière à ce que les grandes pluies des mois suivans, en s'infiltrant, puissent établir un tréfonds d'humidité favorable à la végétation. Il serait bien encore, que dans ce remuement des terres, on répandît un peu de fumier ou de paille hachée, afin de raviver le sol, tant par la présence des engrais que

(1) La sécheresse est presque constante pendant huit mois. La température moyenne est de 16° Réaumur, durant l'hiver, et de 26°, durant l'été. Pendant les trois mois d'hiver, il tombe 28 pouces d'eau, tandis qu'à Paris, durant toute l'année, il n'en tombe que 19 pouces et demie.

par l'introduction des gaz atmosphériques. D'après les calculs qui ont été faits, on évalue à 450 francs environ par hectare le montant des dépenses pour un pareil défoncement des terres. On occuperait alors des Arabes, dont le prix de la journée, pour ce travail, est le tiers de celui d'un Européen.

Voici, maintenant, quelques renseignemens relatifs aux diverses cultures que la richesse du sol et les avantages qui pourront en résulter devront porter le Colon d'Afrique à préférer.

Nous ne parlerons pas de céréales, parce que leur culture, dans la circonscription provisoire de la Colonie, devra être presque abandonné aux Arabes, qui ayant beaucoup moins de besoins que les Européens, devront nécessairement les cultiver à meilleur compte, et, en définitive, les porter à des prix extrêmement bas.

———

Le *Murier*, et surtout l'*Olivier*, ne devant faire espérer des rapports, le premier, qu'à la troisième année, le second qu'à la sixième, après leur plantation, il sera convenable de commencer une exploitation agricole par planter ces deux arbres. La température élevée du pays et l'absence continuelle de froids quelconques, promettent à ces plantations un produit, à partir de ces deux époques, et qui augmentera, annuellement, dans une progression des plus satisfaisantes. On doit évaluer à deux francs environ le prix de chacun de ces arbres mis en terre.

———

Le *Cotonnier* réussissant parfaitement dans la Régence, mérite une attention toute particulière. On devra donner la préférence au cotonnier-arbuste, parce que, non-seulement il fournit du coton plus fin, et en plus grande quantité que le cotonnier-herbacé; mais aussi parce que sa culture exige bien moins de frais. On devra prendre le cotonnier-arbuste du Brésil, dont le coton est connu dans le commerce sous la désignation de *Fernambouc*. C'est celui qui a été transplanté en Égypte. Cet arbuste pouvant produire durant huit années environ, n'exigera donc, pendant cette période, qu'une seule grande façon de terre, tandis que l'espèce herbacée étant annuelle, exige nécessairement de grands frais chaque année. D'après les essais et les calculs qui ont été faits, on doit évaluer le produit annuel d'un hectare à 500 kilogrammes de coton, qui, au prix de 140 francs les cent kilogrammes, valent 700 francs, sur lesquels il faut déduire 340 francs pour tous frais d'exploitation. Il résulterait de là que chaque hectare planté de cotonnier-arbuste, donnerait annuellement un bénéfice net de 360 francs.

———

L'*Indigotier*, cultivé dans la Régence, donnera des

produits importans. Cette plante , étant annuelle, exigera , conséquemment , plus de dépenses pour sa culture, que le cotonnier-arbuste. D'après l'expérience acquise , on pourra y cultiver, indistinctement , l'indigotier des Grandes-Indes et celui des Amériques. La sécheresse qui règne le plus souvent dans la Régence, vers la fin de l'été, sera favorable à cette plante, parce qu'à l'époque de sa maturité, elle éprouvera peu de chances de perdre par les eaux des pluies la fécule de ses feuilles, qui est son produit teintorial. D'après les essais et les calculs qui ont déjà été faits, on peut évaluer le produit annuel d'un hectare à 75 kilogrammes d'indigo , qui, au prix de 14 francs le kilogramme, valent 1,050 francs, sur lesquels il faut déduire 550 francs environ pour tous frais d'exploitation. Il résulterait de là que chaque hectare , cultivé en indigotier, donnerait annuellement un bénéfice net de 550 francs.

La *Canne à sucre* doit réussir dans la Régence, à en juger non-seulement par les essais qui déjà ont été faits, mais aussi par l'opinion généralement reçue, que cette plante y a été longtemps cultivée, et que même c'est de la Régence qu'elle a été tirée pour être transplantée dans les colonies occidentales. Parmi le nombre des grandes cultures , c'est peut-être la seule qui puisse présenter, promptement, des bénéfices extraordinaires , et c'est ce que nous allons nous occuper de prouver.

Dans nos colonies des Antilles, le carré colonial (environ un hectare) produit annuellement, eu égard toutefois à la nature et à l'exposition du sol, 2,500 à 4,000 kilogrammes de sucre brut, tandis que dans les îles de Cuba, de la Trinité, de Porto-Rico, dans la Guyane et au Brésil, le carré en produit de 5,000 à 7,500 kilogrammes. De si grandes différences dans ces produits ne proviennent pas du mode de plantation ou d'exploitation, qui est partout à-peu-près le même, mais bien du climat et de la nature du sol qui sont plus ou moins favorables au développement des parties saccharines. Enfin, en établissant nos calculs sur le minimum des produits du carré colonial (ce que justifient amplement les essais qui ont été faits dans la Régence), on obtiendra, par hectare, une quantité de 2,500 kilogrammes de sucre ; qui, au prix de 80 francs les 100 kilogrammes donneront 2,000 francs, sur lesquels il faudra déduire 900 fr. pour frais d'exploitation. Il résulterait de là que chaque hectare, planté en cannes à sucre, produirait annuellement un bénéfice de 1,100 francs.

Il est à remarquer que ce résultat, quoique déjà considérable, pourrait être encore bien plus brillant, si la canne à sucre rendait des parties saccharines, dans des proportions au-dessus de celle qui nous a servi de base, et cette augmentation de produit ne changerait rien à la somme des frais d'exploitation indiquée ci-dessus. On est très porté à croire que les plantations de cannes à sucre qui seront faites, un jour, dans les contrées situées entre le petit et le grand Atlas, et dans les plaines de Constantine pourront donner des produits approchant ceux des îles de Cuba et du Brésil.

———

Nous ne terminerons pas cette Notice, sans indiquer les moyens de culture et toutes les ressources que notre Colonie, tirera tant du concours des Arabes, que du voisinage des peuples qui habitent les contrées méridionales de la Régence. L'assistance que les uns et les autres nous prêtent déjà dans nos divers travaux, ne doit-elle pas nous assurer que les bras ne manqueront pas pour nos exploitations, et que nous en verrons arriver au milieu de nous, proportionnellement à l'accroissement de la Colonie ? Il résulte de là, que, malgré l'abolition de la traite des nègres, nous en aurons autant qu'en exigeront nos besoins coloniaux, sans peine et avec bien moins de frais, car le nègre et l'Arabe ne nous coûteront pas plus d'un franc par journée de travail, tandis que dans les colonies occidentales, le prix moyen de la journée de travail du nègre, revient environ à deux francs durant, tous les jours de l'année.

Tels sont, en partie, les avantages que promettent au Colon d'Afrique, la conservation et la colonisation de la Régence d'Alger, et, que, simple observateur, convaincu de leur importance, nous avons essayé de faire connaître à nos concitoyens.

Quant à la France, quels fruits glorieux ne lui sont pas assurés ! Quel brillant avenir ne doit-elle pas espérer ! et, quand nous voyons un pays si éloigné de notre continent, naguères presque inconnu, aujourd'hui si florissant, les États-Unis d'Amérique, avoir acquis une prospérité due, en grande partie, aux émigrations qui s'y sont précipitées, quel espoir ne doit pas nous encourager, quels efforts ne devons-nous pas tenter pour atteindre à de tels résultats ! Non-seulement notre belle France aura répandu les lumières et la civilisation sur ces contrées, aujourd'hui si sauvages, mais encore elle aura ouvert à ses nombreuses industries des débouchés qui s'augmenteront successivement, en raison de l'accroissement des populations, et, à sa conquête première, elle en ajoutera une autre bien plus douce et plus glorieuse, qui sera tout entière pour la prospérité de ses enfans, pour celle de la nouvelle Colonie, et pour le bonheur de l'humanité !

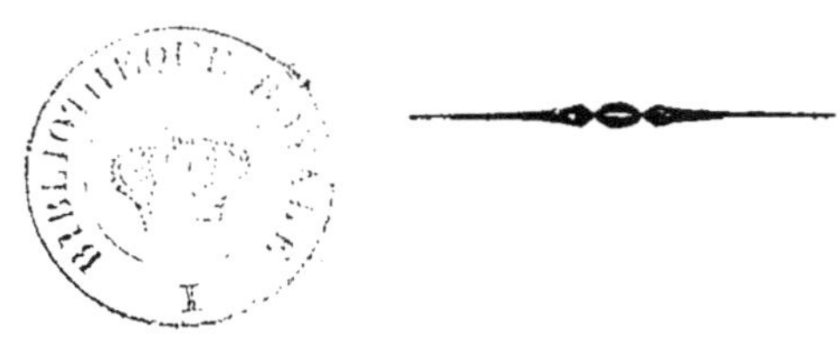

Paris. — Imprimerie de Auguste MIE, rue Joquelet, n° 9, près la Bourse.

www.ingramcontent.com/pod-product-compliance
Lightning Source LLC
Chambersburg PA
CBHW051352050726
47595CB00006B/2512